Constant Martha

La Moralité dans l'art

Essai

 Le code de la propriété intellectuelle du 1er juillet 1992 interdit en effet expressément la photocopie à usage collectif sans autorisation des ayants droit. Or, cette pratique s'est généralisée dans les établissements d'enseignement supérieur, provoquant une baisse brutale des achats de livres et de revues, au point que la possibilité même pour les auteurs de créer des œuvres nouvelles et de les faire éditer correctement est aujourd'hui menacée. En application de la loi du 11 mars 1957, il est interdit de reproduire intégralement ou partiellement le présent ouvrage, sur quelque support que ce soit, sans autorisation de l'Éditeur ou du Centre Français d'Exploitation du Droit de Copie , 20, rue Grands Augustins, 75006 Paris.

ISBN : 978-1976330797

10 9 8 7 6 5 4 3 2 1

Constant Martha

La Moralité dans l'art

Essai

Table de Matières

Introduction	6
Section I	7
Section II	18
Section III	26

Introduction

Voilà plus de deux mille ans qu'on se demande si l'art doit être moral, et de quelle façon il doit et peut l'être. On discutait déjà sur ce point autour de Périclès et d'Aspasie. Socrate en plus d'une rencontre se plaisait à tourmenter là-dessus les sophistes. Aujourd'hui encore, quand dans un salon l'entretien tombe sur ce sujet à propos d'un roman ou d'un drame nouveau, on entend exprimer des opinions dont la diversité est parfois réjouissante. Chacun décide selon ses goûts, les habitudes de sa vie, même selon le sexe et l'âge. En général, ceux qui vont souvent au théâtre ne trouvent rien immoral, ceux qui y vont rarement se montrent plus difficiles, étant moins aguerris. Les jeunes gens jugent moral tout ce qui les amuse ; les vieillards condamnent ce qui choque l'idéal de leur jeunesse. Quant aux femmes, elles ont une manière qui leur appartient de résoudre le problème : les plus jeunes sont d'avis qu'une œuvre est bonne quand elle est en vogue auprès du beau monde ; celles qui sont d'un âge incertain sont moins accommodantes et plus sensibles sur la morale ; les plus respectables par les années lisent, en toute sécurité de conscience, des livres d'une moralité fort douteuse, s'ils renferment çà et là de bonnes maximes. Quelquefois on juge selon sa profession ; un magistrat réprouvera une œuvre, si elle offense ou effleure une loi ; un professeur, si elle est contraire à certaines règles dégoût ; un philosophe remontera à ce qu'il appelle la source du beau ; et si dans la compagnie se trouve un artiste, il affectera peut-être d'ouvrir des yeux étonnés, il ne sait ce qu'on peut vouloir dire et conclura lestement que l'art n'a rien à démêler avec la morale. Tous ces propos finissent bientôt par un prudent silence gardé d'un commun accord, parce que tout le monde sent qu'on ne parle pas la même langue. Qu'est-ce donc que la moralité d'une œuvre d'imagination ? est-elle nécessaire ? à quoi est-elle reconnaissante ? ne pourrait-on pas traiter cette question avec simplicité, sans discussion savante, sans recourir à des principes abstrus ? Si en pareille matière il est utile de s'élever quelquefois à la métaphysique, il peut être agréable aussi de ne pas monter si haut. Il faut écarter d'abord tout ce qui encombre inutilement la discussion. Pourquoi parler des œuvres manifestement immorales ? Il est clair qu'on peut abuser de l'art comme de toutes choses, et faire par exemple avec perfection des peintures cyniques, comme a fait le Carrache ; ce sont là des méfaits, des délits communs, des outrages à la pudeur, qui relèvent moins de la critique que de la police. Il est évident aussi que les œuvres d'imagination peuvent être considérées comme morales ou immorales selon les circonstances, le temps, le lieu, ou selon le sexe, l'âge des personnes. La Vénus de Médicis, qui est à sa place dans un musée, ne le serait pas dans une maison d'éducation ; la *Phèdre* de Racine ne doit pas entrer dans un couvent ; le livre ne convient pas à une femme, tel autre peut être lu trop tôt par un jeune homme. Il y a donc bien des convenances à observer qui ne sont pas seulement des bienséances, mais de prudentes réserves, que nous négligeons ici pour n'envisager l'art que dans sa véritable et virile liberté.

Section I

On ferait bien de consulter tout d'abord l'histoire, car le conflit entre l'art et la morale a de tout temps existé sous des formes diverses. L'art doit-il se mettre au service de la morale ? L'histoire répond qu'il ne le pourrait pas, quand même il consentirait à renoncer à sa juste indépendance. La morale religieuse ou philosophique est, de sa nature, si jalouse de son droit, si exclusive, si dominatrice, si amie de la discipline, que bientôt elle aurait enchaîné son esclave ou l'aurait même anéanti. Dans l'antique Égypte, elle l'a enfermé durant des siècles en des formes immuables. D'autres doctrines vont plus loin et refusent à l'art même le droit d'exister. La morale de Mahomet le repousse, ne tolérant ni tableaux, ni statues. Des sectes fanatiques chrétiennes ont voulu l'exterminer, en Orient les iconoclastes, en Occident les vaudois, les albigeois, les hussites et même les protestants du XVIe siècle. Voilà des doctrines avec lesquelles l'art ne pourrait pas entrer en composition, auxquelles il ne pourrait pas même offrir son obéissance. La morale philosophique, quoique moins ardente, ne laisse pas de le maltraiter. Héraclite disait qu'Homère devait être chassé des écoles avec des soufflets. Platon, plus poliment, se contentait de le reconduire jusqu'à la porte de sa république ; le stoïcien Sénèque protestait contre l'art, parce qu'il est le serviteur du luxe ; la doctrine même d'Épicure, qui aurait dû, ce semble, lui pardonner les plaisirs qu'il procure, n'était pas plus clémente et proscrivait la poésie comme contraire à la sagesse. Ainsi la morale et l'art, bien qu'ils soient loin d'être incompatibles, comme nous le verrons, ont souvent vécu en ennemis. Platon le déclare formellement : « Elle est vieille, dit-il, l'antipathie entre les poètes et les philosophes. »

Si l'art était dans la dépendance de la morale, même les doctrines qui ne lui sont pas absolument hostiles, qui se sont fait souvent un honneur de l'encourager, tendraient à réduire outre mesure sa part. Certains arts seraient supprimés, par exemple la danse, dont la sévérité chrétienne ne pourrait pas s'accommoder. La musique serait condamnée à des modes déterminés, comme à Lacédémone, et chez nous ne servirait qu'aux chants sacrés. La peinture serait réduite aux scènes religieuses ; encore pourrait-elle être accusée de n'avoir pas assez de vertu théologique, comme il arriva à Raphaël pour n'avoir peint que des vierges trop humainement adorables. La sculpture ne serait que l'art de cacher la beauté sous des voiles. En littérature, le théâtre serait condamné, la tragédie, parce qu'elle excite les passions ; la comédie, parce que le rire est mauvais ; la satire, pour être médisante ; la plupart des genres de poésie seraient réprouvés, parce qu'ils sont ou frivoles ou galants ; l'innocente, la modeste idylle elle-même ne pourrait plus « cueillir en un champ voisin ses plus beaux ornements » sans encourir le reproche de coquetterie ; quant aux romans, on oserait à peine les nommer. Que reste-t-il ? Les chants en l'honneur des dieux et des héros, comme le voulait Platon, ou les poésies pieuses, comme le demandait Bossuet, dont le scrupule sur ce point allait jusqu'à reprocher durement à Santeuil d'avoir célébré, et cela en latin, la moins dangereuse de toutes les divinités païennes, Pomone. Où en serait l'art s'il avait été sous la puissance et la prise des philosophes et des docteurs ? Il est heureux que par sa nature ailée il ait échappé à leur main.

Du moins ces grands esprits, les Platon, les Bossuet et les philosophes sévères, imposaient des limites à l'art au nom d'une haute perfection ; mais que deviendrait-il s'il devait se soumettre, comme on l'entend trop souvent désirer, à cette morale vulgaire, honnêtement plate, qui voudrait le réduire à n'être que l'interprète d'une sagesse préceptorale, qui exige que ses œuvres soient arrangées pour mettre en lumière une moralité bien connue ; exigence qui rabaisse à la fois l'art et la morale par de fastidieuses redites et qui produit tant de livres dont la prétention est d'être innocents et qui le sont en effet, plus même que ne le pensent leurs auteurs.

On a cru trop souvent dans tous les temps que, pour gagner les cœurs à la vertu, il suffit de raconter une histoire plus ou moins agréable assaisonnée de réflexions morales. De belles œuvres d'imagination qui se contentent d'éveiller en nous de nobles ou d'aimables sentiments sont suspectes encore aujourd'hui à des personnes d'un goût timoré, dont le scrupule voudrait que la fable fût toujours escortée de la morale et sous les yeux de ce sûr moniteur. C'est là une grave et naïve erreur. Cette morale trop évidente ou tristement grondeuse, ou doucement complaisante, ne touche pas les âmes, parce qu'elle est inutile, ennuyeuse et fausse : inutile, car les enfants et les hommes connaissent les principes les plus usuels de la morale ; ennuyeuse, parce que chacun aime à faire lui-même ses réflexions et ressemble en cela à Louis XIV, qui voulait. bien, disait-il, prendre sa part d'un sermon, mais ne voulait pas qu'on la lui fît ; elle est fausse enfin, parce que la vie n'est pas arrangée comme un conte de Berquin. Pendant que vous prouvez dans quelque roman bien moral que tout est pour le mieux en ce monde, que les bons sont récompensés et les mauvais punis, le méchant s'amuse de votre candeur philosophique et la vertu malheureuse se plaint de votre cruel optimisme. C'est que la vie est plus compliquée et plus instructive que vos romans, que le bien et le mal y sont mêlés, que la plus modeste existence contient une moralité plus profonde que ces contes vertueux, c'est que la vie nous apprend à nous contenter souvent de la vertu pour elle-même, à compter sur nous-mêmes et sur Dieu.

Nous ne parlerions pas de cette façon vulgaire de juger l'art, si elle n'avait pas pénétré de tout temps même dans la haute critique. Qu'on se rappelle seulement les interminables discussions sur la moralité d'Homère, le naïf poète qui, en chantant, ne se doutait pas du problème. Dans l'antiquité, chaque école de philosophie voulut le mettre au nombre de ses sectateurs anticipés ; l'un en faisait un épicurien, l'autre un stoïcien, et tous, il n'est pas besoin de le dire, trouvaient des textes à l'appui de leurs visions systématiques. Au XVIIe siècle, où l'on cherchait partout des sujets d'édification, on exigeait que l'art présentât, sous une forme ou une autre, une instruction morale. On crut même souvent qu'il n'était fait que pour cela. C'est alors qu'à propos d'Homère parut un grand traité sur les règles de l'épopée où fut démontré qu'un poème épique doit être comme une allégorie transparente. Selon le père Le Bossu, le poète doit choisir une idée morale qu'il se propose de développer, ajuster à ce précieux texte une action héroïque et introduire des personnages connus capables de donner la vie et le mouvement à cette immense moralité. Eh un mot, l'auteur considère *l'Iliade* comme une vaste parabole en vingt-quatre chants, d'où sortait cette leçon que la discorde est fatale aux rois ; singulière poétique et plus singulière morale ! Car, si Homère a voulu prouver que la discorde est fatale aux rois, pourquoi la punition tombe-t-elle sur le peuple grec qui n'en peut mais ? Pourquoi fait-elle le malheur des Troyens encore plus que des Grecs ? En quoi le noble Hector qui défend sa patrie a-t-il participé à la faute d'Achille et d'Agamemnon ? cette morale ressemble trop vraiment à celle de ce précepteur qui, pour punir les fautes de son royal élève, faisait donner le fouet aux innocents compagnons du prince coupable. Cette étrange théorie sur le poème épique ne parut pas extravagante au XVIIe siècle, parce qu'elle répondait, fort mal il est vrai, à ce besoin de morale qu'on voulait satisfaire partout. Presque tout le siècle pensait à peu près comme Mme de Sévigné disant un jour avec sa vivacité familière : « Il faut toujours avoir cette morale dans les mains, comme le vinaigre au nez de peur de s'évanouir. » On doit se hâter de dire ici que les grands poètes du temps, Corneille, Racine, Molière, n'ont jamais pensé qu'à la perfection de leur art, sans se préoccuper de donner des leçons, que leurs admirateurs n'en exigeaient pas non plus ; mais autour d'eux une certaine critique, ou religieusement sévère, ou vulgairement méticuleuse, était fort portée à regarder le public comme une sorte de Télémaque qui devait être toujours gouverné par un Mentor.

Au XVIIe siècle, on eut encore plus peut-être la manie de prêcher dans les œuvres d'imagination, quoique en sens inverse. Les tragédies furent souvent des thèses, les comédies des sentences en cinq actes. La sculpture même et la peinture donnèrent des leçons ; il y eut des maximes en marbre et des tableaux prédicants. La critique, quoique fort libre, se mit à l'unisson. Diderot, du reste si bon juge, s'extasiait souvent devant cette morale à la fois muette et parlante. Quand il vit le tableau de Greuze représentant une heureuse mère entourée, assiégée, escaladée par la foule de ses beaux petits enfants, il s'écria : « Comme cela prêche la population ! » Voilà un sermon qui serait peut-être aujourd'hui à sa place dans la bouche d'un économiste, mais qu'on ne s'attend pas à rencontrer sous un pinceau. Cette prêcherie continuelle dans la littérature et dans les arts finit par exaspérer contre la morale et les moralistes, témoin cette boutade cavalière et irrévérente du prince de Ligne : « Les moralistes sont cette classe entre la nourrice et la bonne, qu'on appelle gardes d'enfants ; elles sont souvent aussi bêtes que celui qu'élis tiennent par les lisières. » On aime à penser que le mot ne tombe pas sur tous les moralistes.

Cette manière de comprendre l'art et d'en user n'est pas répréhensible sans doute, et peut même à l'occasion produire d'assez bons effets, comme le prouve le poétique et original roman de Fénelon, mais le plus souvent elle est puérile. Elle rappelle trop le système de ces pères, de ces mères, de ces précepteurs qui s'imaginent que, dans l'éducation, les gronderies seules sont efficaces, qu'on ne forme, qu'on ne pétrit une jeune âme qu'avec des sentences. Dans cette sorte d'éducation ou plutôt de régime, si les maximes en nature ne sont pas facilement avalées, on pense devoir recourir à une tromperie salutaire, on délaiera le remède dans un conte pour le faire passer sans que le patient s'en doute, on imitera ce médecin de l'antiquité qui, ne pouvant faire prendre à une femme une plante amère, s'avisa d'en nourrir une chèvre, dont le lait, dès lors imprégné de la vertu médicinale, rendit, dit-on, la santé à la malade abusée. On prend ainsi mille moyens insidieux et sournois pour infuser les préceptes de l'honnêteté. Ne dirait-on pas que l'honnêteté est une chose affreuse et dégoûtante, qu'il faut sans cesse édulcorer et sophistiquer pour la faire admettre ? A supposer que cette éducation soit bonne, est-elle la seule ? N'arrive-t-il pas que des enfants profitent davantage à vivre avec un honnête homme qui vit noblement, n'exprime que de justes sentiments, qui par ses discours, ses exemples répand autour de lui une influence bienfaisante, sans avoir jamais recours au langage des moralités ? On peut dire que dans les sociétés l'art ressemble à cet honnête homme. S'il est ce qu'il doit être, s'il est grand et pur, s'il est délicat, il instruit, il épure par sa délicatesse même, il enseigne en se montrant.

La morale d'une œuvre d'imagination peut être excellente, alors que l'effet qu'elle produit est moralement déplorable. Supposez qu'un romancier se propose de mettre en lumière le vice ignoble de l'ivrognerie, que, pour nous faire horreur, il nous en montre, dans leur affreuse réalité, les hontes et les misères, qu'il traîne avec son vil héros notre imagination à travers tous les ruisseaux pour mieux la noircir, qu'après nous avoir fait assister dans le dernier détail à tous ses malaises quotidiens, sans rien oublier, il lui fasse expier sa passion par un mal terrible, que pour rendre la morale plus éloquente encore, il place dans la bouche même du malheureux sa propre condamnation et lui fasse vomir, entre autre chose, des imprécations contre lui-même, la morale du livre sera saisissante, complète et ne laissera, je pense, plus rien à désirer ; et pourtant qui ne trouverait le roman moralement détestable ? Pourquoi ? Parce que l'auteur, tout en nous donnant de bons conseils, a plongé et retenu notre esprit dans l'abjection. Voyez aussi, à l'autre extrémité de la littérature d'imagination, ces romans vertueux composés souvent par des mains plus pieuses qu'habiles, qui tiennent à nous mettre en garde contre les dangers de l'amour. Irréprochable est l'intention non moins que les préceptes ; mais, dans son zèle honnête, l'auteur nous enseigne ce qu'il condamne ; en signalant le danger, il le crée, il sollicite l'imagination à pénétrer tous ces voiles qui se croient discrets, et toute cette gaze morale dont il abuse est précisément ce qui fait que nous ne perdons rien de ce qu'elle dérobe. A force de vouloir être moral, le livre ne l'est plus. C'est que l'auteur, qui croit n'ignorer aucun danger de l'amour, en ignore un, le plus grand peut-être, qui est pour une jeune âme d'entendre parler de l'amour avec vulgarité et platitude. Dans les romans, tous les bons préceptes du monde ne valent pas moralement une seule page noble, un seul sentiment délicat. Il n'y a d'immoral dans la fiction que ce qui est laid, ce qui est bas, ce qui est faux, ce qui est indiscret, ce qui est commun, en un mot, comme disaient les Grecs, ce qui offense les Grâces et les Muses.

Constant Martha

Enfin il y a une raison pour laquelle il ne faut pas mêler la morale à l'art, une raison qui seule dispense de toutes les autres, c'est que cela nous ennuie. Volontiers, quand je veux lire de la morale, je m'adresse aux moralistes, quand je veux me récréer par une fiction, je recours aux poètes. Comme la morale et l'art sont l'une et l'autre de belles et bonnes choses, on a pensé, bien à tort, qu'en les mêlant on rendrait le plaisir plus intense et plus salutaire. Un pareil principe est une hérésie en littérature aussi bien qu'en cuisine. Si vous voulez vous divertir, vous ne tenez pas à vous instruire ; si vous voulez vous promener, il vous répugne d'être conduit. Les hommes ressemblent en cela aux enfants. Ordonnez-leur de jouer, ils ne joueront plus. La fantaisie a du charme parce qu'elle est la fantaisie et qu'elle est libre. Le plaisir périt au moment où commence la leçon. Il est plus facile de constater le fait que de l'expliquer. Nous recherchions un jour à quoi tient cette disposition d'esprit, sans en trouver la cause véritable, quand nous avons été mis sur la voie par un jeune philosophe de dix ans, qui résolvait ingénument ce problème d'esthétique en disant devant nous à sa mère : « Oh ! je t'en prie, pour ma fête ne me donne pas un cadeau *utile*. » Il y a quelques années, il s'était formé une société composée de personnes fort distinguées, se proposant de fonder sur la rive gauche de la Seine un théâtre sous le nom effrayant de Théâtre moral. Personne ne l'eût fréquenté, pas même les plus honnêtes gens, pas même les fondateurs. Vous pouvez demander aux honnêtes gens tout ce que vous voudrez, leur temps, leur argent, leur vie peut-être, mais ce que vous n'obtiendrez jamais d'eux, c'est qu'ils s'ennuient pour leur plaisir.

Pour ne considérer que les grandes œuvres d'imagination, bien loin que la *morale* formelle y soit nécessaire et qu'elle les soutienne, on ose dire que le plus souvent elle les compromet, car elle en est la partie périssable. La morale, en effet, dont le fond sans doute est immuable, est néanmoins diversement comprise selon les temps, et ses plus éclatantes leçons, qui paraissent d'abord salutaires, peuvent se changer avec les siècles en dangereuses erreurs. S'il faut en donner un exemple, qu'on se rappelle les chefs-d'œuvre de la tragédie grecque, l'*Œdipe Roi* de Sophocle ou bien la trilogie d'Eschyle. Quel grand spectacle religieux et moral pour les Grecs que l'histoire de ce roi devenu, malgré lui, par la volonté des dieux, par l'ordre d'une inévitable fatalité, le meurtrier de son père, l'époux de sa mère, le frère de ses fils ! Ne devait-on pas éprouver aussi dans Athènes une sainte terreur en voyant l'histoire de la famille des Atrides où, par une succession de crimes inévitables, le chef est assassiné par sa femme, la mère par son fils, entraînés l'un et l'autre par une puissance invincible et divine ? Combien ce spectacle serait aujourd'hui odieux, révoltant, immoral, si on mettait sur une de nos scènes un Œdipe ou un Oreste en habit noir, poussés au crime par une force involontaire ! Spectacle qui ne pourrait plaire qu'aux partisans du plus grossier fatalisme. Heureusement pour la gloire de ces tragédies, quand nous les lisons ou que nous les voyons sur le théâtre, la leçon morale qu'elles renferment n'est pas aperçue, elle est perdue pour nous et comme engloutie dans l'immensité de notre pitié pour ces royales infortunes, elle disparaît dans l'éclat de l'art et de la poésie ; en un mot, nous ne supportons cette morale qu'en n'y pensant pas.

Nous ne prétendons pas exclure des œuvres d'imagination les idées morales, ce qui serait aussi impossible que peu sensé, car la morale, qu'on la considère soit comme le fondement des sociétés, soit comme l'expression de la conscience, la règle de la conduite, l'origine des vertus, l'objet de nos scrupules, occupe trop de place dans la vie humaine pour qu'un peintre de la vie puisse s'en désintéresser. Elle paraîtra donc souvent dans les œuvres de l'art, elle y éclatera peut-être çà et là en sentences, ou bien elle en sera souvent l'invisible inspiratrice. D'ailleurs le poète lui-même, par cela qu'il ne peut comme homme ne pas avoir d'opinion sur la morale, laissera échapper ses sentiments à son insu. Il y sera d'autant plus entraîné que la beauté morale est de toutes la plus touchante et la plus capable d'enlever les cœurs. Mais ce dont le poète doit se garder, c'est de prêcher, de donner des leçons, soit en exprimant ses propres opinions, soit en ordonnant son œuvre de manière à morigéner. Ce n'est point là son métier, cela est contraire à l'art. Le poète ne manque pas d'être puni de son imprudence, car, si sa prédication peut avoir tout d'abord un succès d'un jour par sa nouveauté piquante, elle gâtera à jamais son œuvre. Les grands poètes de tous les âges ont-ils jamais pris ; un autre soin que de mettre dans la bouche de leurs personnages des paroles conformes à leur caractère et à leur situation ? Quand par hasard Euripide se laisse aller sur le théâtre à faire le philosophe, il nous ennuie et nous fatigue ; quand dans ses tragédies « le capucin Voltaire, » comme il se nommait lui-même, se met à prêcher pour son couvent, nous avons de la peine à lui pardonner même son esprit. Ce qui a péri dans leurs œuvres tragiques, ce qui les défigure, c'est le sermon ou la thèse. Tout cela n'est que branches mortes d'un arbre encore florissant. Pour prendre un exemple plus récent, c'est par la thèse et la prédication que la gloire future de G. Sand est exposée à de fâcheux hasards. Ses beaux et nombreux romans d'une langue exquise, d'un naturel si élégant et si svelte, allaient prendre leur volée vers la postérité, mais les lourds messages philosophiques que l'auteur leur à mis sous l'aile risquent fort de les faire tomber en chemin.

Si l'art a été si souvent suspect à la morale, ce n'est point parce qu'il ne prêche pas assez, mais pour une raison plus profonde, que voici. La morale et l'art ont des principes et des usages qui sur un point fort important sont tout à fait contraires. L'art ne vit que de passions, il n'est rien sans elles, et la morale les condamne, les opprime, ou bien se fait un devoir de les dérober aux yeux. Aussi, pour mettre en garde contre les passions dépeintes dans l'épopée ou dans la tragédie, les moralistes anciens et modernes ont composé bien des livres dont le type est celui de Plutarque, intitulé : *Comment il faut lire les poètes*. D'autre part, la morale se plaît à montrer la perfection des caractères et des mœurs, tandis que l'art ne peut s'en accommoder sous peine de languir. Il y a deux mille ans, Aristote a déjà fait remarquer qu'un héros parfait ne serait pas supportable dans un poème. Essayez donc de mettre sur la scène un philosophe impassible, un Socrate, un Épictète. C'est là précisément le grand argument du pieux Nicole contre les spectacles : « Ce serait, dit-il naïvement, un étrange personnage qu'un religieux modeste et silencieux. » Il ajoute avec non moins de candeur : « Il n'y aurait rien de plus froid qu'un mariage chrétien dégagé de passion de part et d'autre. » On n'a point de peine à le croire. Il faut à l'art non-seulement des passions, mais le plus souvent des passions violentes, car les plus communes n'auraient pas d'intérêt. Un des charmes de *l'Iliade* est dans les sauvages emportements d'Achille. L'infirmité des poèmes imités d'Homère tient souvent à la perfection morale du principal héros. On ne reproche rien à *l'Énéide* que son irréprochable Énée. Le grave Boileau lui-même juge que la *Jérusalem délivrée* serait illisible

Si son sage héros, toujours en oraison,
N'eût fait que mettre enfin Satan à la raison ;
Et si Renaud, Argant, Tancrède et sa maîtresse,
N'eussent de son sujet égayé la tristesse.

C'est sur le point des passions que le conflit a commencé jadis entre l'art et la morale, c'est sur ce point qu'il dure encore. Voilà le sérieux et éternel motif de leur éclatante ou sourde hostilité.

Si les grands genres de poésie, l'épopée, la tragédie, n'ont point paru conformes aux sévères exigences de la morale, ainsi qu'en témoignent les reproches qui leur ont été adressés par les anciens philosophes et les docteurs chrétiens, d'autres genres moins élevés n'échappent pas à une condamnation pour d'autres raisons, la fable, par exemple, et surtout la comédie, qui nous donnent les leçons de l'expérience, laquelle est tout autre chose que la morale et lui est souvent, du moins en apparence, fort contraire. Quand La Fontaine démontre que la raison du plus fort est toujours la meilleure et fait manger l'agneau par le loup, quand il prend parti pour le renard contre les dindons, et qu'il nous offre cent scènes pareilles où la ruse l'emporte sur la simplicité, il proclame des principes assurément peu charitables, parce qu'il songe à faire de nous, non des hommes vertueux, mais des gens avisés. Il en est ainsi de la comédie. Sans doute, pour justifier la comédie, on répète qu'elle corrige les mœurs en présentant le miroir aux vicieux. Pour nous, nous n'en croyons rien. Pense-t-on que Molière ait été assez simple pour vouloir morigéner Harpagon, ou bien corriger Tartuffe ? Nos mais peut-être a-t-il éclairé les Orgons qui se trouvent dans la salle. Si on veut tirer une leçon de la pièce, c'-est la leçon que donne l'observation de la vie. Il y a donc là encore de beaux ouvrages qui ne relèvent pas directement de la morale et dont il s'agirait pourtant d'expliquer les salutaires effets.

Si nous marquons entre l'art et la morale ces différences qui semblent incompatibles, et des oppositions qu'on pourrait encore multiplier, ce n'est pas pour établir entre eux une sorte d'inimitié irréconciliable, comme ont fait certains philosophes, mais uniquement pour montrer que l'art est indépendant, qu'il a sa vie propre, qu'il ne répond de lui qu'à lui-même, en un mot, qu'il a ses lois. S'il respecte ces lois qui sont les siennes, c'est-à-dire celles du beau, il se rencontrera avec la morale, il la servira sans y prétendre, souvent à son insu. On peut s'appuyer ici sur le consentement universel et constater que tous les hommes cultivés, même les plus scrupuleux, les uns ouvertement, les autres par un aveu tacite, reconnaissent les bons effets de l'art. A moins qu'il ne se trouve encore quelqu'un pour se livrer sur ce point à un accès de misanthropie comme Jean-Jacques Rousseau et à un jeu d'esprit farouche, on conviendra d'une voix unanime que l'art aussi bien que la morale fait la haute éducation du genre humain. Voilà pourquoi nous admirons tous la sagesse des Grecs, qui fondaient surtout l'éducation de la jeunesse sur la musique et la poésie, nous félicitons les Romains de les avoir suivis après bien des résistances, nous célébrons à l'envi les grands siècles où les arts ont fleuri. Même les peuples modernes, moins bien traités que les anciens par la nature, moins livrés à de beaux loisirs, condamnés au travail des mains, plus besogneux, encouragent les arts et, quand ils en sont privés, regrettent leur indigence et en éprouvent de la honte. Les arts ne sont pas seulement le luxe des sociétés ; ils en sont une pièce nécessaire et l'indispensable condition d'une haute culture. On peut faire des réserves ici, là, disputer sur des détails, mais on est d'accord sur le fond. Les âmes les plus religieuses, les plus sectaires, les plus amoureuses de discipline, rendent hommage à cette influence bienfaisante de l'art, au point de lui sacrifier même, en partie, leur morale dont elles paraissent exclusivement éprises. Dans les plus chrétiennes maisons d'éducation, on met sans cesse entre les mains des enfants les livres païens, malgré la morale souvent détestée qu'ils renferment, en faveur de l'art qui y règne. C'est le cas ici de rappeler un grand fait historique qui confirme ces réflexions de la manière la plus éclatante. Quand l'empereur Julien, surnommé l'Apostat, par la plus raffinée des vengeances, interdit aux chrétiens d'enseigner les lettres profanes et les renvoya à leur morale religieuse, puisque dans leurs écoles ils déclaraient eux-mêmes qu'ils n'estimaient qu'elle, il y eut dans toute la société chrétienne une sorte de désespoir. Que demandaient donc les chrétiens ? Était-ce le droit de jouir de la morale païenne ? Non, puisqu'elle leur paraissait corruptrice ; ils réclamaient le droit à l'art qui en faisait le charme. Bien qu'on leur laissât leur doctrine, ils se sentaient périr, si on leur interdisait l'antiquité païenne et son art délicat ou magnanime.

Section II

Quels sont donc les nobles effets de l'art qui sont partout si visiblement reconnus ? Dire qu'il élève l'esprit, comme on se contente souvent de le proclamer, c'est trop peu dire, si on ne montre comment il l'élève et par quel charme secret il le ravit. Il n'est pas besoin de remonter ici à des principes de métaphysique ; il suffit de constater simplement ce que les hommes éprouvent en présence des belles œuvres d'imagination, non-seulement devant les grandes, mais encore devant les petites. On n'a point assez remarqué que tout d'abord l'art éveille en nous et développe, en le flattant, le sentiment de l'humanité. C'est en effet la nature humaine que nous cherchons surtout dans les ouvrages des poètes et des artistes. Ce que l'homme aime le plus, c'est lui-même et ses semblables. Il veut se voir, se contempler sous toutes les formes dans le présent, dans le passé, dans l'avenir. Il a créé les arts pour s'enchanter lui-même de lui-même, la sculpture pour s'admirer dans sa beauté physique, la peinture pour réjouir sa vue par l'éclat de ses couleurs et la grâce de ses attitudes, la musique pour s'enivrer de ses plus vagues sentiments, recueillir les sourdes rumeurs de son âme ou ses plus fins murmures ; il semble qu'il ait voulu assouvir tous ses sens de lui-même. Par l'histoire il s'entretient avec ses aïeux, par la philosophie il se poursuit et se surprend jusque dans les plus profondes obscurités de son être, et je ne sais si dans les délices mystiques de l'adoration religieuse il n'entre pas la délectation de parler de soi-même à Dieu. Il ne lui suffit pas de sentir son âme émue de ses propres malheurs, de s'associer à ceux de ses proches, de ses amis, il court tous les soirs dans les théâtres pour se voir, s'admirer, se plaindre sous des noms et des costumes empruntés, pour éprouver ces charmantes pitiés, ces douces terreurs dont parle le poète, et son plaisir le plus délicat est de se pleurer. Et ce ne sont pas seulement les illustres infortunes qui le captivent, mais les plus humbles. Bien plus, nous embrassons dans ce vaste sentiment humain toute la nature, parce que la nature fait comme partie de l'humanité par les sentiments qu'elle nous inspire. Tous les êtres de la création deviennent nôtres et dans nos élans poétiques sont associés à cette fraternité. Tout ce qui nous aime ou ce que nous aimons nous paraît mériter les honneurs de l'art. Le chien d'Eumée n'est pas un des moindres personnages de *l'Odyssée*. Rien n'est petit, rien n'est vil de ce qui peut toucher le cœur de l'homme. Que le berger de Virgile plaigne ses agneaux, qu'un prisonnier regrette un insecte hideux, compagnon de sa solitude, qu'un autre pleure une fleur amie qui n'égaie plus l'horreur de sa prison, partout où l'homme jette une larme, la pure substance de ses yeux et de son cœur, il y a de la grâce morale et un sujet de poésie. Il en est ainsi de ses joies ; tout a son prix, les choses les plus simples, les plus fugitives, un serrement de main, un sourire, les traces d'un sourire, dit Lucrèce, *vestigia risus*. Comment ne point voir ce qu'il y a de moral dans ce sentiment si délicatement entretenu par l'art, sentiment qui n'est qu'un intérêt réciproque que nous prenons les uns aux autres et qui est le plus souvent une mutuelle compassion ? Aussi elle est bien charmante et bien profonde, cette expression de nos pères qui disaient en parlant de leurs enfants au collège : « Il fait son cours d'humanité. »

Cette sympathie humaine provoquée par l'art est un des plus doux sentiments qu'on puisse éprouver, car la bienveillance est une douceur non-seulement quand on en est l'objet, mais encore quand on l'accorde aux autres. Et combien cette sympathie s'élève et s'ennoblit lorsqu'il nous est donné de contempler dans une belle œuvre l'image épurée de l'humanité et qu'à une sorte d'amour s'ajoute l'admiration ! Combien aussi ce sentiment prend plus d'énergie dans une foule, au théâtre, quand l'émotion de chacun est multipliée par celle de tous et que toute rassemblée bat d'un seul cœur ! Si on pouvait alors pénétrer d'un regard dans toutes les âmes réunies, on aurait un spectacle aussi beau que celui de la scène, le spectacle d'un enthousiasme commun pour la vertu et la venté, et aussi le spectacle d'un immense bonheur ; car l'émotion littéraire a pour effet de précipiter notre sang, de nous avertir que nous vivons, comme l'a dit un poète :

Plus je sens vivement, plus je sens que je suis.

Nous éprouvons même je ne sais quel noble et indéfinissable

orgueil ; nous prenons meilleure opinion de nous-mêmes ; nous sommes fiers de sentir et de comprendre de si belles choses, fiers aussi de les entendre applaudir, et, comme si nous en étions l'auteur, nous nous laissons inonder de joie et de gloire. Il est impossible de ressentir ces naturels transports sans sortir de soi, sans s'élever au-dessus de soi-même, sans que cette exaltation, ce soulèvement ne rompe pour un moment les mille petits liens égoïstes qui nous attachent à nos intérêts. La plus rare des vertus, l'esprit de sacrifice, nous envahit en de pareils instants et nous fait croire que nous aussi nous pourrions être des héros. Il n'est pas de placide spectateur qui ne se sente effleuré par ce souffle généreux. Tous les peuples, du reste, ont compris que l'art éveille cette puissance du sacrifice qui dort en nous, et voilà pourquoi, depuis l'antiquité jusqu'à nos jours, on entraîne les courages au son de la musique ; c'est elle qui se charge de verser aux soldats le mépris ou l'ivresse de la mort. Ce serait l'objet d'une longue étude que de marquer les divers et infinis sentiments que font éprouver les arts et qui sont diversement éprouvés selon le degré de culture. Chacun les exprime à sa façon, et tandis qu'un homme raffiné a dit qu'il se sentait devenir meilleur après avoir longtemps contemplé l'Apollon du Belvédère, la foule ignorante, qui ne peut exprimer ses idées confuses, laissera voir du moins, en entrant dans un musée, par son silence et son recueillement, qu'elle se sent dans le temple d'un dieu inconnu.

Non-seulement l'art exalte l'esprit, il l'épure et le forme à son image ; il le règle, il y fait régner l'ordre et, par le spectacle de la perfection, met dans nos facultés la mesure et l'harmonie. En contemplant sans cesse et en détail les chefs-d'œuvre de la pensée humaine, nous nous rendons à la longue plus ou moins capables de bien penser à notre tour. Sans doute aujourd'hui, en un temps sans loisirs, on ne peut plus guère se livrer à cette délectation littéraire et à ces lents plaisirs si fort goûtés de nos aïeux. Mais, s'il est encore de ces fortunés mortels qui peuvent se les donner, ils savent que rien n'est plus doux et plus nourrissant que de lire avec une attention longue et répétée un beau livre ou seulement une belle page, de voir les idées se dérouler selon une naturelle et invisible logique, le sentiment éclater là où il faut, de saisir les nuances indescriptibles de la pensée, la convenance des couleurs, la justesse du ton, de remarquer même les élans ou les arrêts de la phrase qui s'allonge ou s'accourcit pour ainsi dire selon la respiration de l'intelligence, de se laisser ravir à l'harmonie du style, qui n'est pas, comme on dit, une caresse pour l'oreille, mais une conformité nouvelle de l'expression avec le sentiment, de se remplir enfin de tout ce bel ordre vivant. Sans doute c'est une grande jouissance de voir une statue vivre dans la rigide immobilité du marbre ; mais, quand nous lisons une page parfaite, nous voyons la beauté de l'esprit humain en mouvement, marchant devant nous dans sa force ou sa grâce. Comment un si attentif lecteur n'aurait-il pas l'ambition, dans la mesure de son faible génie, de régler son esprit sur cette séduisante ordonnance ? comment, à son insu, quelque chose de cette perfection n'arriverait-il pas jusqu'à lui ? Je ne sais quel ancien, ayant des espérances de paternité, plaça dans la chambre de sa femme des tableaux et des statues qui représentaient les dieux les plus beaux et les plus belles déesses, espérant que, grâce à cette contemplation même involontaire, la vertu de cette beauté descendrait par les yeux jusqu'au sein maternel et formerait le futur enfant sur le modèle de ces figures exquises. Il est moins chimérique de croire que l'étude assidue des chefs-d'œuvre de l'art façonne en nous les enfants de notre esprit. Dans cet espoir, on fait lire et relire à la jeunesse les grands écrivains. Ce n'est pas seulement sur tel ou tel homme qu'agit et opère le mystérieux pouvoir de la beauté littéraire ; il forme et discipline invisiblement tout le peuple qui ne lit pas. Rien qu'en parlant sa langue, le peuple est un disciple de l'art. Sa langue en effet est en grande partie l'œuvre des grands artistes qui l'ont épurée à travers les siècles, qui l'ont enrichie, qui y ont déposé des tours ingénieux, des expressions charmantes, lesquelles de proche en proche se répandent et sont mises à la portée de tout le monde. Nous ne pouvons penser sans jeter nos idées dans ces moules tout faits ; s'ils sont nobles, nous pensons noblement ; s'ils sont fins, nous pensons finement. Une langue est un trésor de délicatesses accumulées par le temps ; si elle se gâte, l'esprit public se gâtera avec elle ; si elle perd sa précision et sa justesse, les idées seront moins justes et moins précises ; si elle s'épaissit, les sentiments seront plus grossiers. Heureux le peuple français, qui possède la plus claire et par conséquent la plus honnête, la plus sincère des langues, et qui n'a plus qu'une peine, c'est de la garder. Ainsi l'art, considéré même dans ses effets les plus lointains, maintient à une certaine hauteur les mœurs et les esprits. Il établit les bienséances, qui ne sont pas des vertus, mais qui en sont l'image, il forme le goût, cette faculté indéfinissable qui nous fait distinguer dans toutes leurs nuances le bien et le mal, nous fait aimer l'un et détester l'autre, et devient comme un supplément de la moralité ; car là où souvent notre conscience s'aveugle et trébuche, le goût nous avertit et nous redresse, au point qu'on peut l'appeler une seconde conscience.

On objecte souvent que les sentiments produits par l'art ne sont pas sans péril, et on accuse surtout les romans. Est-ce un genre de littérature qu'on puisse approuver ? Oui, si le livre respecte le lecteur et s'il ne peint que ce qui mérite une peinture. D'ailleurs, tous tant que nous sommes, nous aimons fort les fictions, et, s'il n'en était pas de toutes faites, nous en ferions nous-mêmes, et chacun serait son propre romancier. Outre le plaisir légitime que nous pouvons trouver dans un monde imaginaire qui nous enlève aux vulgarités de la vie, nous avons tous un désir infini de pénétrer dans la science de l'âme, dont les romanciers se piquent de découvrir les replis, et parfois non sans raison. Le grave Turgot allait jusqu'à dire que « les auteurs de romans ont répandu dans le monde plus de grandes vérités que toutes les autres classes réunies. » Ce qui nous paraît moins contestable, c'est que tout événement notable, fût-il fictif, s'il est vrai, moralise. Il y a dans la passion une sorte de logique qui, de déduction en déduction, en fait sortir les dernières conséquences et présente par cela même, sans moralité postiche, un spectacle moral. Le roman en cela ressemble à l'histoire. Le règne de Louis XIV, pour ne pas chercher trop près de nous, nous en offrirait un exemple. Quoi de plus naturel que l'orgueil dans ce jeune roi, beau, noble, élégant, maître du plus magnifique royaume et capable d'humilier l'Europe ? Quels superbes épisodes que ses victoires ! quel aliment pour cet orgueil royal que cet éclat des lettres qui fleurissent à l'ombre de sa protection ! Mais peu à peu l'esprit de vertige et d'erreur amène les chagrins et l'humiliation. L'histoire, mieux que le plus moral des poètes épiques, se charge de la catastrophe. Dans les romans aussi bien que dans l'histoire, chez les petits comme chez les grands, les passions amènent leurs péripéties et leur dénouement fatal.

Il suffit de les peindre avec justesse pour qu'elles donnent leur moralité. Mais ici on nous rappellera peut-être certains romans célèbres, *René, Werther*, dont les tristes héros ont si fort touché les lecteurs que quelques-uns en ont perdu la raison et ont pris des résolutions funestes. Les plus nobles choses, les plus légitimes, peuvent produire de ces malheurs. Tout le monde connaît cet homme, dont par le Horace, qui chaque jour s'asseyait au théâtre, spectateur unique, devant une scène vide, applaudissait des acteurs absents, pleurait sur des héros qu'il croyait voir. La tragédie l'avait rendu fou, accident qui, soit dit en passant, n'est plus à craindre de nos jours. L'histoire de la morale présente de pareils égarements. Quand Hégésias proclama avec éloquence l'immortalité de l'âme, de nombreux disciples se donnèrent la mort pour aller plutôt au-devant de la félicité promise. Même la plus pure religion peut bouleverser l'esprit, et nos asiles ouverts à la démence nous offrent bien des exemples d'une raison égarée par l'ardeur de la piété. Tout ce qui est beau exalte, tout ce qui est grand accable et peut rompre les fibres d'une âme débile. Ces malheurs exceptionnels ne doivent donc pas faire condamner le roman, à moins qu'on ne veuille imiter ce roi barbare qui, pour avoir vu quelques-uns de ses sujets livrés aux transports du vin, ordonna d'arracher les vignes de son royaume.

Si morale a paru de tout temps l'émotion produite par le beau que des philosophes, parmi lesquels on doit ranger Platon peut-être, mais à coup sûr Jacobi, Wieland et d'autres, ont fondé leur morale sur l'esthétique, pensant que l'homme, épris du beau, ne manquerait pas de s'éprendre du bien, que les vertus paraîtraient plus séduisantes si elles se présentaient à nous comme des grâces ; système charmant, auquel il ne manque qu'une base plus solide, système plus suivi qu'on ne pense, qui a bien des sectateurs inconscients ; par exemple, ces honnêtes gens sans principes religieux ou philosophiques, qui ne connaissent que ce qu'ils appellent la religion de l'honneur, lesquels repoussent le vice, parce qu'il est sordide et laid, et s'attachent à la vertu, parce qu'elle est de noble figure.

L'art a donc son langage à lui, sa beauté propre, ses ravisse-mens, et n'a pas d'autre devoir que d'être beau et ravissant. Il n'est pas tenu d'être utile et ne songe pas à l'être. Parler ainsi ce n'est point accorder, comme on pourrait croire, un privilège extraordinaire au beau, car ce privilège est aussi celui du bien. Le bien reste le bien, alors même qu'il n'est pas utile. Un acte héroïque n'en est pas moins héroïque pour ne servir à rien. Le beau, quoiqu'il entraîne avec soi des avantages, ne doit être admiré que pour lui-même. Ce serait un tiède amant de la nature celui qui, contemplant la splendeur du soleil ou la majesté d'une nuit étoilée, penserait à l'influence bienfaisante de ces astres. On peut appliquer ici au beau ce que Sénèque dit du bien : « Non, ce n'est pas le comprendre que de l'envisager du côté des avantages qu'il procure, *non satis ab eo intelligitur a quo inter utilia numeratur.* » L'amour du beau, comme tout amour, est gratuit et ne demande d'autre récompense que de pouvoir admirer. Ce qui fait que sur ce point on a peine à s'entendre, c'est que la plupart des hommes, manquant de fine culture, ne comprennent bien que l'utilité des choses et sont insensibles à leur beauté. De là souvent dans la critique des jugements divers pareils à ceux qui se rencontrent aussi dans les entretiens familiers entre des personnes d'éducation inégale. Vous montrez à un visiteur votre petit jardin qui est la joie de vos yeux, il s'étonne que vous n'en ayez pas fait un potager, car rien, dit-il, n'est plus agréable que l'utile. On peintre s'arrête ravi devant un champ couvert de blonds épis, constellés de fleurs rouges et bleues, tandis que le paysan, son compagnon, ne voit dans ces coquelicots et ces bluets que de mauvaises herbes. Au XVIIIe siècle, un poète, se promenant dans les champs avec un vieux grand seigneur, s'écria pastoralement : « Voyez donc ce joli troupeau de moutons sur le vert de la colline. — Oui, repartit l'autre ; mais peut-être de tous ces gueux-là il n'y en a pas un de tendre. » Je ne sais qui a dit, en pareille occasion : « Je n'aime les moutons que quand ils sont à moi. » Qui de nous admirant un beau livre n'a senti son enthousiasme se glacer sous une de ces réponses réfrigérantes ? On nous a un jour demandé quelle est la moralité de *Jocelyn*. Il faut avoir le goût exercé et délicat pour se plaire à ce qui ne touche pas nos intérêts, ou à ce qui ne porte pas avec soi un profit. Voilà pourquoi l'art est si souvent méconnu. On croit devoir chercher dans ses œuvres une leçon, et comme on ne l'y trouve pas, on est débité. L'élégance mondaine, elle, si frivole qu'elle soit, ne s'y trompe pas et veut que, jusque dans les colifichets du luxe, l'art ait pour caractère d'être inutile. A quoi servent les diamants, les perles, les colliers, les bracelets, les anneaux, les coiffures qui ne couvrent pas la tête, les robes qui babillent sans vêtir ? Le luxe qui n'est point inutile n'est plus le luxe, c'est le *confort*. Ainsi, dans sa mesure, la frivolité, par cela qu'elle est éveillée, affinée par le désir de plaire, rend hommage au vrai principe. Ce principe est que le beau n'a pas besoin d'être utile. Celui qui, en présence d'une belle œuvre, demande à quoi elle sert, n'est pas loin de ressembler au géomètre disant : Qu'est-ce qu'elle prouve ? L'artiste ne s'occupe pas de la morale, parce qu'il sent que la morale est au fond de son œuvre ; il ne connaît qu'une vertu, la vertu de la beauté.

C'est ici que se résout le problème, c'est-à-dire la conciliation de l'art et de la morale. L'art, toujours indépendant et libre, sans obéir à d'autres lois que les siennes, parti d'un point différent, se rencontre avec la morale sans la chercher ; toute la question est de savoir comment et en quel lieu se fait la rencontre. Comme l'art se propose de plaire (il faut prendre ici le mot dans son sens le plus élevé), il en vient de lui-même à flatter en nous les sentiments qui nous sont le plus chers, à respecter ce qui est l'objet de nos respects. Or le bien à ses divers degrés, depuis le sublime jusqu'à l'aimable, est ce qui nous touche le plus, et nous touche au point que nous le vengeons quand nous le voyons ouvertement méconnu ou violé. Cela est si vrai que les choses ou les hommes non honnêtes sont obligés, pour plaire, de prendre les dehors de l'honnêteté. Le plus grand orateur, si puissant qu'il fût, perdrait toute son éloquence s'il ne s'arrangeait pour faire croire à son intégrité, et la rhétorique lui apprendrait d'ailleurs que son premier effort doit être de solliciter l'estime. Même les hommes qui ne pratiquent pas la vertu aiment à la voir chez autrui. Il ne s'agit pas de se demander pourquoi il en est ainsi, c'est la nature qui l'a voulu et qui témoigne de notre noblesse originelle. Dans le théâtre, la foule applaudit avec transport la beauté morale des caractères et frémit d'horreur devant le crime, bien qu'il ne s'agisse que d'une fiction et d'un jeu. Il est même arrivé en Amérique qu'un acteur remplissant le rôle ingrat de traître reçut un coup de feu parti de la suite et fut tué sur place par un trop naïf et sauvage ami de la venu. Dans Athènes, un personnage tragique d'Euripide, déclamant une longue tirade équivoque sur l'argent, dont les charmes, disait-il, doivent être

Section II

préférés à tout, la foule des spectateurs le chassa en tumulte de la scène, où le grand et indiscret poète dut aussitôt comparaître pour s'expliquer. Tout poète vraiment fidèle à son art ménage eu nous ces honnêtes sentiments, sachant bien que c'est le plus sûr moyen de provoquer l'admiration. Ainsi ont fait tous lis poètes depuis Homère, et même les plus faibles, ceux qui ne connaissaient, que la routine de fait sans en avoir le génie, ont du moins essayé de revêtir la beauté morale de leurs ternes couleurs. Ces règles d'un art savant et profond ont été observées à travers les âges jusqu'à nos jours, où elles ont été pour la première fois méconnues ou abandonnées.

Section III

Jusque dans notre siècle, l'art, tout en étant parfois grondé, plus ou moins molesté par la morale, vivait en paix avec elle ; mais il y a cinquante ans, il se révolta, non sans raison, contre certaines règles littéraires trop étroites et, comme il arrive dans les révolutions les plus légitimes, revendiqua plus qu'il ne lui était dû. Il ne viola pas la morale de parti pris, mais il la brava souvent par pétulance juvénile, par audace ou par vanité. L'opinion publique s'alarma et reste encore inquiète. Chacun sent confusément que le beau et le bien ne doivent pas être contraires et se demande à quoi tient le désaccord. On est en défiance de l'art contemporain, tout en l'admirant. Quand on a lu un roman, on ne sait s'il est convenable de le prêter, de le faire courir dans le cercle de ses amis ; quand on se propose d'aller au théâtre, on hésite à emmener sa famille. L'art, qui devrait être la noble récréation de tout le monde, est devenu le privilège de ceux qui peuvent tout voir et tout entendre. Il est même pour certaines personnes un objet de curiosité presque clandestine ou du moins un plaisir suspect que bien des femmes n'avouent pas toujours et dont elles ne parlent pas volontiers : c'est ici le point vif de la question qui nous occupe. L'art contemporain est-il donc immoral ? comment l'est-il ? Qu'on nous permette ici quelques réflexions très générales, sans allusions bien précises à telle ou telle œuvre, pour rester, comme nous avons fait jusqu'ici, dans les calmes régions de la pure esthétique.

Il faut remarquer tout d'abord ce fait assez étrange, c'est que du moment où l'on eut proclamé l'indépendance absolue de l'art vis-à-vis de la morale, qu'on eut bruyamment agité le drapeau sur lequel flamboyaient ces mots : *l'art pour l'art*, qu'on eut déclaré surtout qu'il n'était pas tenu de prêcher, de ce moment-là on prêcha plus que jamais. Bien des romans et des œuvres dramatiques éclatantes ne furent que des thèses et, comme pour mieux montrer que l'auteur avait le parti pris de moraliser, furent accompagnés de longues préfaces où était mise en lumière la précieuse vérité dont on était l'apôtre. On mit sur la scène des paradoxes vivants dont la démonstration se composa, faut-il dire de cinq actes ou de cinq points ? Le coup de poignard ou de fusil à la fin mettait à mort un préjugé. Il nous semble pourtant que l'art avait promis de ne penser qu'à lui-même et de ne plus faire de sermon. Prêcher ce qui est contestable et bizarre n'est pas moins prêcher, et on ne voit pas pourquoi au théâtre le sermon serait devenu permis par cela seulement qu'il est fait à rebours.

Ce serait se montrer naïf que de vouloir prouver aux auteurs de romans et de drames que leurs thèses hardies ne sont pas d'accord avec la morale ; ils le savent bien, ils s'en font gloire et seraient prompts à répondre : « Nous ne nous soucions pas de votre morale, puisque notre apostolat a pour but précisément de la réformer. » Nous laissons à d'autres le soin de réfuter cette espèce de dogmatisme théâtral qui offre moins de dangers qu'on ne croit, qui étonne plus qu'il ne convertit et ne paraît pas faire beaucoup de prosélytes. Ce qui nous importe davantage en ce sujet, c'est de montrer que l'art ne remplit pas son unique devoir qui est d'être charmant, qu'il fonde son succès sur la surprise d'un paradoxe, sur la curiosité d'une polémique, et non sur la beauté de l'art lui-même. En jetant en proie aux spectateurs un sujet d'irritante dispute, le théâtre n'est plus, comme autrefois, un heureux refuge où les hommes se réunissent pour échapper, sous le charme d'une agréable fiction, aux querelleuses réalités de la vie et pour goûter ensemble un commun plaisir.

On fait toujours bien de se rappeler comment dans leur première candeur les créateurs de l'art, les poètes et particulièrement les poètes dramatiques, arrangeaient leurs fictions de manière à ne pas choquer les spectateurs, à ne leur donner que des impressions que ceux-ci pouvaient tout d'abord approuver. Leur art était clair comme leurs intentions. S'ils faisaient paraître sur la scène un héros de grand cœur, ils ne lui prêtaient qu'un noble langage et allaient même jusqu'à lui accorder la beauté physique, afin que la vertu fût encore rehaussée et flattât même les regards. Ils donnaient au vice et au crime des dehors repoussants. Ainsi fait Homère ; le brave Achille est beau, le lâche Thersite est laid. Nous n'examinons pas si ces règles de l'ancienne poétique sont d'une vérité absolue, nous constatons seulement qu'on les jugeait favorables à l'art. De plus, d'un bout à l'autre du poème ou de la tragédie, les personnages gardaient leur caractère ou sublime ou méprisable, et le public savait de quel côté porter ses sympathies et son intérêt. Cet art si lucide dans sa naïveté primitive et qui fut depuis toujours observé avait cet effet de ne jamais troubler les esprits, de leur donner toutes sortes de secrets contentements. Le spectateur, se livrant à son admiration sans scrupule et heureux d'un plaisir sans mélange, rempli qu'il était par le poète de sentiments conformes à ceux qu'il trouvait dans sa propre conscience, eût sans doute volontiers déclaré que l'œuvre était morale. Voyez aussi les scrupules littéraires des créateurs de notre théâtre, de Corneille, de Racine, de Molière, à en juger par leurs préfaces. Quelle crainte de blesser le public, d'offenser sa sensibilité légitime ! que d'excuses pour ce qui pouvait paraître téméraire, que d'explications pour dissiper tout malentendu ! quels égards même pour les préjugés ! Ces grands poètes sentent qu'ils ont la charge, non de harceler le public, mais de faire son entier bonheur. Comment le spectateur, respecté dans sa raison, flatté dans ses plus nobles sentiments, ménagé dans ses délicatesses, de plus enlevé et charmé par une belle poésie, aurait-il été tenté de dire que l'œuvre n'est pas morale ? La moralité était dans la plénitude de son plaisir.

L'art nouveau, au contraire, loin de respecter les sentiments généraux du public, se plaît à les déconcerter. Soit par le désir de sortir des voies battues, soit sous l'empire de certaines préoccupations politiques et sociales, ou bien pour se rapprocher de la réalité, le poète s'amuse à renverser les esprits par la peinture de caractères exceptionnels où se rencontrent des contrastes invraisemblables ou douteux. On placera par exemple la venu dans un corps hideux, on mettra dans la bouche d'une courtisane des paroles pures, on prêtera aux rois le langage des laquais, aux laquais celui des rois, on ravalera ceux qui ont des ancêtres, on exaltera celui qui n'a pas même un père, on plaidera une cause contraire à la loi ou à l'opinion publique, et par cent moyens ingénieux et surprenants on tâchera d'attirer les sympathies du côté où elles ne vont pas d'elles-mêmes. Ce n'est plus le poète qui se met, comme autrefois, à la portée du spectateur, qui le charme et l'en chante, c'est le spectateur qui est contraint de céder à la violence que lui fait le poète. Cet art nouveau ne ressemble pas mal à celui des rhéteurs grecs qui définissaient l'éloquence l'art de rendre les petites choses grandes et les grandes petites. De même qu'il y a en logique des fraudes qu'on appelle des sophismes, il est dans la poésie des artifices pour dérouter le sentiment et lui faire admettre ce que, livré à lui-même, il repousserait. Aussi le spectateur, d'une part entraîné par le talent du poète, de l'autre retenu par ses propres scrupules, se sent tourmenté, perplexe ; il cède et il résiste, et alors même qu'il s'est vivement diverti de ces jeux à la fois agréables et pénibles, il est tenté de dire que la pièce n'est pas morale. Won, ce n'est pas à la morale peut-être que la pièce a manqué, c'est à l'art, qui doit donner des satisfactions plus pleines. Cet art nouveau date de *la Nouvelle Eloïse* ; ou n'en trouverait pas un autre exemple, ni dans l'antiquité, ni dans les temps modernes avant Rousseau, qui le premier a séduit le public en le choquant, et quand il peignit la chute d'une jeune fille touchante, au lieu de la faire plaindre, prétendit la faire admirer.

Au nom de l'art aussi bien que de la morale, on peut ne pas donner son entier assentiment à ces nouveautés qui ont si souvent inquiété ou agacé l'esprit public. C'est aussi au nom de l'art qu'on peut réclamer contre une autre coutume. Dans les œuvres d'imagination, l'auteur se pique souvent de garder son sang-froid, de n'être pas touché lui-même des événements pathétiques qu'il représente. Entre le vice et la vertu, il garde une neutralité superbe, sous prétexte que l'un et l'autre sont également des faits humains. L'auteur ne s'étonne de rien en esprit fort qui en a vu bien d'autres. Il analyse devant nous, il dissèque les caractères et les passions d'une main impassible, sans s'émouvoir des cris de douleur qu'il fait jeter à ses victimes, estimant que les tendres faiblesses de l'émotion ne sont faites que pour le public, qui souvent en effet frémit à la vue de ces vivisections humaines. Mais ce spectacle, si captivant qu'il puisse être, ne nous procure qu'un plaisir douloureux, parce que le poète, que nous croyions homme et plus qu'homme, qui devrait avoir des passions plus fortes et plus délicates que tout le monde, au lieu d'être avec nous et de s'unir à notre compatissant intérêt, accable l'humanité et nous-mêmes de sa hautaine indifférence. Ici encore nous sommes tentés d'accuser, non la corruption de la morale qui n'est pas directement attaquée, mais la dépravation de l'art.

Il se produit même depuis quelques années dans notre littérature d'imagination un phénomène bien extraordinaire et unique dans l'histoire de l'art, c'est le mépris de la nature humaine. Tout à l'heure nous avons cru pouvoir dire que les arts avaient été créés par l'homme pour se faire honneur à lui-même, pour s'admirer dans sa multiple beauté, au point que, pour honorer les dieux, il ne croyait pouvoir mieux faire que de leur attribuer sa propre figure. Aujourd'hui il est plus modeste qu'il ne faut et emploie son génie et son art à se ravaler. Et pourtant, comme les grands poètes de tous les âges ont été tendres pour l'humanité, avec quel feu et quel plaisir ils ont célébré sa noblesse native, de quelle main délicate ils ont exploré ses plaies ! Même les grands railleurs, Molière et jusqu'à l'effronté Juvénal, tout en flétrissant le vice, laissaient voir leur respect pour l'homme. Aujourd'hui l'homme est un être abject ou grotesque auquel on fait la guerre dans les romans, sur la scène, en prose, en vers et jusque dans les sonnets ; on l'attaque, on le poursuit, non par sévérité morale, mais par goût, par fantaisie légère, par humeur brutale, pour le seul plaisir de la poursuite ; on va à la chasse de ce gibier. On se pique de faire des découvertes dans sa laideur morale, on est heureux quand on y a fait une conquête ; on traîne avec joie au soleil ses secrètes ignominies, on en invente même, on enrichit l'homme de turpitudes ou de vilenies. Chacun conspue ce misérable et tourmente cet ilote. Même les plus jeunes poètes, le talent et la joue en fleur, l'accablent de leur précoce misanthropie et s'amusent à taquiner, en enfants cruels, ce malheureux, livré à toutes les risées. L'art, qui était autrefois l'ami et l'admirateur de l'homme, est devenu son persécuteur ; il le calomnie, le diffame et le souille. Tout notre génie littéraire nous sert à conspirer contre nous-mêmes. Ce n'est pas en des œuvres isolées qu'on trouve cette haine de l'homme et de la femme ; elle remplit toute notre littérature d'imagination. Il semble qu'il y ait un mot d'ordre. Ce que nous blâmons ici, ce n'est donc pas la hardiesse pessimiste de telle ou telle œuvre puissante, car le poète a le droit de tout oser, c'est l'uniformité universelle de ce pessimisme convenu, qui finira à la longue, on peut l'espérer, par déplaire au public. Quoi, on ne pourra plus voir une pièce sans que l'adultère en soit le sujet ou, pour le moins, le point de départ ? Nous avions autrefois le lieu commun de la vertu ; le lieu commun du vice est-il donc moins fade et plus tolérable ?

Il serait long d'analyser ici tous les procédés de cet art nouveau à la fois brillant et suspect. Chacun peut le juger en consultant l'impression générale qu'il en a reçue après une lecture ou un spectacle. Au lieu des claires et saines émotions que l'art doit donner, d'un certain élargissement de cœur qui nous rend heureux et qui est comme la délicieuse récompense d'une longue attention, nous sentons que notre conscience est trouble, que notre esprit s'est chargé de matière limoneuse, qu'il a besoin d'un peu de temps pour se clarifier et déposer sa lie. Nous nous interrogeons sur le mérite de l'œuvre et nous ne savons que nous dire. On sent en soi des mouvements alternatifs et contraires qui nous font louer et blâmer tour à tour. Le pathétique a été un tourment, le rire une aigreur. Mais ce que nous sentons de plus certain en nous, c'est que l'âme s'est rétrécie, s'est resserrée, qu'elle s'est endurcie, et on se prend à dire ce que se disait à lui-même Sénèque au sortir d'un spectacle cruel : « Je m'en retourne chez moi plus inhumain, et cela pour avoir été parmi les hommes, *redeo inhumanior quia inter hommes fui.* »

Pour être tout à fait juste envers le drame contemporain, il faut reconnaître que, quoi qu'il fasse, si moral qu'il voulût être, il risquerait toujours d'encourir le reproche d'immoralité pour une cause dont les auteurs ne sont pas seuls responsables. Le malheur du drame est d'être en prose. Autrefois, quand les fictions dramatiques étaient en vers, les plus grandes témérités ne choquaient pas. La poésie transportait le spectateur dans un monde qui n'était pas le nôtre ; les personnages tragiques, soit par la grandeur de leur condition royale, soit par leur lointaine apparition dans la perspective des siècles, n'avaient de commun

Section III

avec nous que la vérité des sentiments humains. Le langage insolite du vers les tenait encore éloignés de nous, et cette distance faisait que leurs plus affreuses passions, leurs plus abominables forfaits ne blessaient ni nos sentiments, ni nos yeux. Alors on osait faire paraître sur la scène, par exemple, une reine incestueuse, tout entière en proie à Vénus, remplissant le théâtre de son amour avide, laissant éclater sa passion furieuse dans ses transports et plus encore peut-être dans ses réticences, enveloppant le héros aimé de ses paroles caressantes et de ses gestes dévorants, sans que le spectateur éprouvât d'autres sentiments qu'une immense pitié pour cette infortune et une immense admiration pour le poète. Le plus rigide des jansénistes, le grand Arnauld ne craignait pas de déclarer qu'un tel spectacle ne pouvait nuire aux mœurs. Eh bien, qu'on essaie aujourd'hui de présenter sur la scène ce même personnage, portant le costume du jour, une grande dame exhalant en prose une passion semblable, le plus intrépide public protestera contre la vue de ce cas pathologique dont il n'est bienséant de parler que dans les livres de médecine. Aussi plus l'auteur dans les drames, cédant aux goûts du jour, rapprochera sa fiction de la réalité par le langage, par l'exactitude du costume, par les accessoires de la scène, plus ses moindres hardiesses choqueront les esprits sensibles. S'il n'y a plus de distance entre les personnages et les spectateurs, les passions véhémentes ressembleront à de mauvais exemples, les morts tragiques à des meurtres répugnants. Le pathétique même devient une cause de souffrance et, si morale que soit la pièce par les leçons qu'elle nous donne, elle produira en nous un effet malsain et même un peu dégradant. L'impression morale s'évanouit là où commence l'horreur vulgaire, l'émotion physique, l'ébranlement des nerfs, l'offense pour les yeux.

Cette grande loi d'esthétique et de morale commence à être comprise et se discute aujourd'hui dans les livres et les journaux, non pas à propos de théâtre, mais de législation, et fait qu'on proteste contre l'exécution publique des condamnés à mort. Quel spectacle plus moral en apparence que cette suprême expiation d'un crime, cette machine impassible, ce couteau suspendu par la loi, ce criminel pâle et chancelant sous le remords ou l'effroi, cette tête qui tombe, ce sang enfin qui paie le sang ? Et pourtant on a senti que pour conserver à la loi toute sa majesté, il faut dérober aux yeux du peuple les trop affreuses réalités de cette tragédie. Le législateur, comme un grand poète dramatique, comme un Sophocle ou un Racine, songe à reculer le spectacle dans le lointain, pour en rendre la morale salutaire. Il en est de même à peu près dans le drame. Un spectacle tragique doit être idéal pour n'être pas corrupteur. Si les personnages sont habillés comme nous, parlent comme nous, leurs méfaits, leurs hontes, leurs catastrophes sanglantes nous affectent aussi péniblement que si on les voyait dans les rues ; et cette pénible impression, que nous sentons en nous dépravante, portera plus d'un spectateur à dire que la pièce est immorale. La poésie purifie, la prose compromet les fictions. Il faut qu'elle soit bien habile pour ne pas choquer par quelque endroit. Comment encore par la facilité qu'elle a de tout dire ne se laisserait-elle pas aller à dire tout ? Comment, sur cette pente, n'irait-elle pas de la vérité vraie à la vérité crue, puis à la vérité repoussante, pour ne s'arrêter que devant l'inexprimable ? Le langage des vers, autrefois consacré aux fictions, n'offrait pas ces dangers. Les vers sont ambitieux, ils tendent à monter, ils se guinderaient plutôt que de s'abaisser ; même quand ils sont faibles et impuissants, ils se piquent encore de dignité, et même, comme on l'a vu à certaines époques littéraires, quand ils étaient si insignifiants qu'ils ne ressemblaient plus qu'à des lignes régulièrement inertes, on aurait pu les comparer encore à des barrières contre la bassesse et à des garde-fou contre d'ignobles fondrières. Aussi peut-on dire, à la décharge des auteurs dramatiques, que le plus grand ennemi de la morale esthétique est la prose. En un mot, sur le théâtre, la nudité des sentiments humains, comme dans les arts plastiques la nudité des corps, n'est tout à fait innocente que si elle est idéalement belle.

Dans un sujet aussi complexe, qui prête à tant de réflexions discursives, il n'est pas inutile de conclure. L'art n'est pas subordonné à la morale et ne peut pas l'être, sous peine de périr. Il ne relève que de lui-même et n'a qu'à suivre ses propres lois. Ces lois lui commandent de plaire, de charmer, d'enchanter, et pour produire ces heureux effets, il est obligé de respecter ce que respectent les hommes, d'exalter les beaux sentiments, de flétrir les mauvais, comme fait tout le monde. C'est pourquoi l'art a toujours marché d'accord avec la morale et n'a jamais été réprouvé que par des philosophes et des docteurs qui le jugeaient selon des vues étroitement disciplinaires. Loin de se montrer l'ennemi de la morale, l'art s'est fraternellement appuyé sur elle et l'a soutenue à son tour. C'est ainsi qu'à travers les siècles on l'a toujours compris. A part certains livres qui ne s'adressaient qu'à une curiosité clandestine, il n'y a jamais eu dans toute la suite des temps une seule grande œuvre d'imagination qui fût un mauvais livre. Les choses ont pour la première fois changé dans notre siècle, non pas que l'auteur ait eu, plus qu'autrefois, des intentions corruptrices, mais parce que son art est moins net, moins soucieux de satisfaire les sentiments généraux et qu'il s'est fait un jeu savant et taquin de fronder l'opinion commune. De là un art qui plaît en troublant, qui amuse en violentant ; de là des impressions confuses qui donnent à la fois des jouissances et des regrets et qui, par ce trouble même, ont fait poser, non plus par les philosophes, mais par le simple public, avec une sorte d'impatience, cette question autrefois inconnue : Qu'est-ce donc que la moralité dans l'art ?

ISBN : 978-1976330797

Constant Martha

www.ingramcontent.com/pod-product-compliance
Lightning Source LLC
Chambersburg PA
CBHW050252230526
45470CB00005B/2231